BEI GRIN MACHT SICH IHR
WISSEN BEZAHLT

Bibliografische Information der Deutschen Nationalbibliothek:

Die Deutsche Bibliothek verzeichnet diese Publikation in der Deutschen National-
bibliografie; detaillierte bibliografische Daten sind im Internet über http://dnb.d-
nb.de/ abrufbar.

Impressum:

Copyright © 2018 GRIN Verlag
Druck und Bindung: Books on Demand GmbH, Norderstedt Germany
ISBN: 9783668654860

Dieses Buch bei GRIN:

https://www.grin.com/document/414300

Sebastian Huhn

Trainingsplanung für das Ausdauertraining

GRIN Verlag

GRIN - Your knowledge has value

Der GRIN Verlag publiziert seit 1998 wissenschaftliche Arbeiten von Studenten, Hochschullehrern und anderen Akademikern als eBook und gedrucktes Buch. Die Verlagswebsite www.grin.com ist die ideale Plattform zur Veröffentlichung von Hausarbeiten, Abschlussarbeiten, wissenschaftlichen Aufsätzen, Dissertationen und Fachbüchern.

Besuchen Sie uns im Internet:

http://www.grin.com/

http://www.facebook.com/grincom

http://www.twitter.com/grin_com

Deutsche Hochschule für

Prävention und Gesundheitsmanagement

Hermann Neuberger Sportschule 3

66123 Saarbrücken

Einsendeaufgabe

Fachmodul: Trainingslehre II

Studiengang: Sportökonomie

Datum
Präsenzphase   **08.01.-10.01.2018**

Name, Vorname: Huhn, Sebastian

Studienort: **Saarbrücken**

Semester: **WS 2016**

Inhaltsverzeichnis

1 Diagnose

1.1 Allgemeine und biometrische Daten

Tab. 1: Allgemeine und biometrische Daten

Allgemeine Daten	
Alter	21 Jahre
Geschlecht	Weiblich
Körpergröße	166 cm
Körpergewicht	65 kg
Körperfettanteil	26,5% ▶ Akzeptabler Wert Die Bewertung des Körperfettanteils erfolgt in Tabelle 2
Trainingsmotive	1. Ausdauerleistung verbessern 2. Verbesserung der Fitness 3. Gewichtsreduzierung 4. Senkung des Körperfettanteils
Berufliche Tätigkeit	Bürokauffrau
Aktuelle und frühere sportliche Aktivitäten	Aktuelle sportliche Aktivitäten: Freizeitsportler 2 mal pro Woche Krafttraining (je 45 Min.) 2 mal pro Woche Ausdauertraining (1 mal Schwimmen 60 Min. und 1 mal Jogging 45 Min.) Frühere Aktivitäten: Leistungssport Tennis 4 mal pro Woche Tennistraining (je 90 Min.) 4 mal pro Woche Ausdauertraining (2 mal Jogging je 60 Min. und 2 mal Radfahren je 60 Min.) 2 mal pro Woche Krafttraining (je 60 Minuten)
Zeitlicher Verfügungsrahmen	3 mal pro Woche (bis zu 90 Minuten)
Biometrische Daten	
Blutdruck	Systolischer Wert: 125 mmHg Diastolischer Wert: 83 mmHg ▶ Normaler systolischer und diastolischer Wert. Die Klassifikation des Blutdrucks erfolgt in Tabelle 3
Ruhepuls	63 Schläge/Minute ▶ Überdurchschnittlicher Ruhepuls Der Durchschnittswert liegt zwischen 60 und 80 Schläge/Minute. Bei Frauen mit >70 Schläge/Min. etwas höher als bei Männern (Weineck, 2003, S. 50)
Allgemeiner Gesundheitsstand	
Orthopädische/Internistische Probleme	Keine
Einnahme von Medikamenten	Keine

Tab. 2: Bewertung Körperfettanteil Frauen nach Amercian Council on Exercise (modifiziert nach Barton, 2016, S. 402)

Typus/Fettanteil in %	Frauen
Essentieller Körperfettanteil	10-13%
Athletisch	14-20%
Fitness	21-24%
Akzeptabel	25-31%
Adipös	>31%

Tab. 3: Blutdruckklassifikation der American Heart Association (modifiziert nach Manica et al., 2013, S. 1286)

Bewertungsstufen	Systolischer Blutdruck	Diastolischer Blutdruck
Normdruckwert		
Optimal	Unter 120 mmHg	Unter 80 mmHg
Normal	Unter 130 mmHg	Unter 85 mmHg
Hochnormal	130-139 mmHg	85-89 mmHg
Bluthochdruck		
Stufe 1	140-159 mmHg	90-99 mmHg
Stufe 2	160-179 mmHg	100-109 mmHg
Stufe 3	> 180 mmHg	> 110 mmHg

1.2 Leistungsdiagnostik/Ausdauertestung

Der Hohlmann-Venrath-Test ist die richtige Einstufung für durchschnittlich bis gut trainierte Personen, von denen eine Belastbarkeit von mindestens 150 Watt erwartet werden kann. Zur Zielgruppe gehören normal leistungsfähige Männer, trainierte Frauen sowie trainierte ältere Personen. Somit eignet sich der ausgewählte Fahrradergometertest ideal zur Beurteilung unserer Testperson. Dieser submaximale Stufentest ist für die Durchführung auf einem Fahrradergometer konstruiert und schließt eine Überbelastung aus. Die koordinativen Anforderungen und Belastungen auf den Bewegungsapparat sind gering. Der Fahradergeometer ist leicht zu bedienen und es kann optimal die richtige Trainingsintensität ermittelt werden.

Der Aufbau und Ergebnisse des Tests werden nun tabellarisch dargestellt.

Tab. 4: Hollmann- Venrath- Test

Testprofil	Hohlmann-Venrath-Test (H & V- Test)
Eingangsstufe	30 Watt
Stufendauer	3 Minuten
Belastungssteigerung	40 Watt
Umdrehungszahl/Minute	60-80 Umdrehungen/Minute
Pulsobergrenze	180 – 21 = 159 Schläge/Minute (Hfmax)
Testgröße	Wattleistung der zuletzt vollständig durchgefahrenen Stufe beim Erreichen der festgelegten Pulsobergrenze
Normbewertung	Wattleistung pro kg Körpergewicht

Tab. 5: Testprotokoll des Hollmann- Venrath- Tests

Test	Datum: 08.01.2018			
Zeit	Watt	Herzfrequenz 1	Herzfrequenz 2	Herzfrequenz 3
3 Minuten	30	72	74	78
6 Minuten	70	84	86	90
9 Minuten	110	82	92	98
12 Minuten	150	102	116	129
15 Minuten	-	-	-	-
Watt gesamt	150			
Watt/kg	2,31			
Bewertung	☺ Überdurchschnitt-lich			

Bewertung des Testergebnisses:

Der Test wurde aufgrund einer subjektiven Kraftausdauerschwäche der Muskulatur nach der 12. Minute beendet. Die errechnete Pulsobergrenze von 159 S/Minute wurde nicht erreicht. Die Herzfrequenz lag beim Testabbruch bei 129 S/Minute.

Die relative Watt-Soll-Leistung wird berechnet aus der Wattzahl (in Watt) dividiert durch das Körpergewicht (in kg). Sie beträgt 2,11 Watt/kg bei einer Intensität von 0,64. Damit liegt die Testperson im leicht überdurchschnittlichen Bereich. Dies ergibt sich aus den Vorgaben der Normtabelle für submaximale Radergometertests. Die Intensität dient als Faktor zur Berechnung der empfohlenen Trainingsherzfrequenz.

1.3 Gesundheits- und Leistungsstatus der Person

Anhand der im Test ermittelten Werte und der Ausgangssituation der Probandin lässt sich abschließend sagen, dass die Testperson als durchschnittlich leistungsfähig einzustufen ist.

Der Blutdruck ist normal, der Ruhepuls liegt im überdurchschnittlichen Normbereich und es liegen keine gesundheitliche Beschwerden oder Einschränkungen vor. Daraus lässt sich ein guter Gesundheitszustand ableiten. Das Training ist demnach gesundheitlich unbedenklich und die Probandin ist im vollen Umfang belastbar. Bei Betrachtung der Testergebnisse fällt auf, dass zu Beginn die Belastung kontinuierlich gesteigert werden konnte, im weiteren Testverlauf die Belastbarkeit schnell sank. Ab der zehnten Minute weist die Probandin Leistungsdefizite auf. Daraus resultiert das Trainingsziel: Aufbau der Langzeitausdauer I. Diese beinhaltet eine Beanspruchungsdauer zwischen zehn und 35 Minuten. Darauf aufbauend kann dann an der Langzeitausdauer II (LZA II) gearbeitet werden. Damit ist eine Belastungsdauer zwischen 35 und 90 Minuten gemeint (Zintl & Eisenhut, 2013, S. 90).

Das Trainingsniveau kann kontinuierlich gesteigert werden, um den Leistungszustand fortlaufend zu verbessern.

2 Zielsetzung/Prognose

Tab. 6: Ziele auf Basis der Diagnosedaten

Ziel	Inhalt	Ausmaß	Zeit
Steigerung der Ausdauerleistung	Verbesserung der Wattleistung beim Hollmann- Venrath- Test	Von geleisteten 150 Watt auf 190 Watt	8 Wochen
Verbesserung der Fitness	Senkung der Ruheherzfrequenz, Stabilisierung der Grundlagenausdauer 1, Entwicklung der Grundlagenausdauer 2	Um 2 Schläge/Min, Training von 90 Minuten durchhalten	6 Wochen
Gewichtsreduzierung	Körpergewicht in kg und Körperfettanteil in % senken	4 kg Körpergewicht und 4% Körperfett senken	16 Wochen

Prognose :

Ziel: Ausdauerleistung steigern:

Unter Ausdauer versteht man die physische und psychische Ermüdungswiderstandsfä-
higkeit einer Person. Sie schließt die Regenerationsfähigkeit mit ein (Friedrich, 2014, S.
77). Die allgemeine aerob-dynamische Ausdauer beschreibt aerobe Ausdauerleistungen
mittels dynamischer Arbeit unter Einsatz von mehr als 1/6 der gesamten Skelettmuskulatur (Hollmann, 1990, S. 87). Die Differenzierung erfolgt nach der zeitlichen Dauer
(Zintl & Eisenhut, 2013, S. 90).

→ Kurzzeitausdauer (KZA)   ▶ Dauer zwischen 35 Sekunden und 2 Minuten

→ Mittelzeitausdauer (MZA)   ▶ Dauer zwischen 2 und 10 Minuten

→ Langzeitausdauer (LZA I)   ▶ Dauer zwischen 10 und 35 Minuten

→ Langzeitausdauer (LZA II) ▶ Dauer zwischen 35 und 90 Minuten

→ Langzeitausdauer (LZA III) ▶ Dauer zwischen 90 Minuten und 6 Stunden

→ Langzeitausdauer (LZA IV) ▶ Dauer > 6 Stunden

Aufgrund des Gesundheitszustandes der Testperson ist es möglich, ihre maximale Watt-
leistung beim Hollmann- Venrath- Test um 40 Watt zu steigern binnen acht Wochen. Um
eine Verbesserung der allgemeinen aerob-dynamischen Ausdauer zu erreichen, bedarf es
einer vergrößerten Leistungsfähigkeit in der Energiebereitstellung der beanspruchten
Muskulatur (Hollmann, 1988, S. 88). Ein wichtiger Faktor dafür stellt die maximale
Sauerstoffaufnahme dar. Sie gibt an, wie viel Milliliter Sauerstoff der Organismus pro
Minute verwerten kann. Die maximale Sauerstoffaufnahme ist ein Leistungskriterium
für eine gute Ausdauerleistung ist. Sie ist gebunden an das Atem- und Herz-Kreislauf-
System, die Sauerstofftransportkapazität des Blutes und die aerobe Kapazität der Mus-
kulatur (Geiger, 1988, S. 38).

Eine Verbesserung der allgemein-dynamischen Ausdauer führt zu einer Verstärkung der
Enzymaktivitäten. In den Muskelzellen kommt es sowohl zu einer Zunahme der Mit-
ochondrienanzahl, als auch zu einer Vergrößerung der einzelnen Mitochondrien. Mitochondrien sind die „Kraftwerke der Zellen" und für die Sauerstoffverbrennung verantwortlich. Der Myoglobingehalt, der für die Sauerstoffspeicherung verantwortlich ist,
nimmt bis zu 100% zu (Geiger, 1988, S. 21).

Ziel: Verbesserung der Fitness:

Unter Fitness versteht man die Erarbeitung oder Erhaltung einer guten allgemeinen körperlichen Leistungsfähigkeit. Eine Grundvoraussetzung dafür ist die Bildung der Grundlagenausdauer 1. Das Grundlagenausdauertraining 1 erfordert einen hohen Trainingsumfang pro Woche (Neumann, Pfützner, Berbalk, 1999, S. 134). Das GA1 Training macht es möglich, niedrige bis mittlere Belastungsintensitäten in aeroben Stoffwechsellagen längere Zeiten durchzustehen. Eine gut entwickelte Grundlagenausdauer gilt als Basis zur Leistungssteigerung in vielen Ausdauersportarten. Sie führt u.a. zur Erhöhung der körperlichen Leistungsfähigkeit, zur Verbesserung der Erholungsfähigkeit, zur Steigerung der psychischen Belastbarkeit und hat eine vorbeugende Wirkung auf Herz-Kreislauf-Erkrankungen (Friedrich, 2014. S. 81). Eine weitere Anpassungserscheinung an den Ausdauersport stellt die Entwicklung einer Herzvergrößerung dar infolge einer Vergrößerung der Herzhöhlen und der Verdickung der Herzwände (Geiger, 1988, S. 9). Vorteile dabei sind, dass eine Erhöhung des Schlagvolumens damit einhergeht. Darüber hinaus besitzt ein Sportherz eine deutlich geringe Ruheherzfrequenz. Unsere Testperson zielt auf eine Abnahme der Ruheherzfrequenz von zwei Schläge/Minute in sechs Wochen. Dieser Anpassungseffekt des Herzens an die Ausdauerbelastung ist durchaus möglich.

Die Entwicklung der Grundlagenausdauer 2 erfordert eine stabile Grundlagenausdauer 1. Die Trainingsintensitäten sind je nach Trainingsmethode mittel bis hoch (Hfmax 75-90% und einer Blutlaktatkonzentration von 3-6 mmol/l.) bei einem Belastungsumfang von 50 bis zu 60 Minuten. Ziele des GA 2 Trainings sind die Weiterentwicklung der Grundlagenausdauer 1, die Erhöhung der aerob-anaeroben Leistungsfähigkeit, die Entwicklung des Herz-Kreislauf-Systems sowie einer Optimierungen bei der Kapillisarisierung der Skelettmuskulatur. Insgesamt kommt es zu weniger positiven Effekten im gesundheitlichen Bereich als beim Grundlagenausdauertraining 1.

Ziel der Gewichtsreduzierung:

Die Testperson möchte zu ihrem Wunschgewicht von 61kg zurückkehren und 4kg an Körpergewicht verlieren. Der Körperfettanteil soll um 4% gesenkt werden, aktuell hat unsere Testperson einen Körperfettanteil von 26.5%. Dies soll innerhalb von 16 Wochen geschehen und ist mittels eines gesundheitsorientierten Ausdauertraining zur Körperfettreduktion durchaus möglich. Ein längerfristiges Ziel unserer Testperson ist es also, eine Körpergewichtsreduktion durch eine Verringerung des Körperfettanteils zu erzielen. Dabei spielt eine negative Energiebilanz eine entscheidende Rolle. Unter der Energiebilanz versteht man die Differenz zwischen Energiezufuhr und Energieverbrauch eines Menschen. Werden mit der Nahrung weniger Kalorien aufgenommen, als der Körper braucht, dann spricht man von einer negativer Energiebilanz. Das Ziel muss sein, möglichst viele Kalorien während der Trainingseinheit zu verbrauchen. Wichtig dabei ist, ein Ausdauertraining mit hohen Intensitäten (bis zu 85% Hfmax) zu betreiben. Die Basis eines Trainings mit dem Ziel Körperfettreduktion sollte immer eine gute Ausdauerfähigkeit sein.

3 Trainingsplan Mesozyklus

3.1 Grobplanung Mesozyklus

Tab. 7: Grobplanung Mesozyklus

Dauer des Mesozyklus	6 Wochen
Übergeordnete Trainingszielsetzung	(1) Grundlagenausdauer 1 stabilisieren (2) Ruheherzfrequenz senken um 2 Schläge/Minute (3) Senkung des Körpergewichts um 4 kg; Körperfettreduzierung um 4 % (4) Weiterentwicklung der Grundlagenausdauer 1 (5) Grundlagenausdauer 2 entwickeln
Wöchentlicher Gesamttrainingsumfang in Minuten	· 135-195 Minuten
Vorgesehene Trainingsmethoden	· Extensive Dauermethode (Ext. DM) · Intensive Dauermethode (Int. DM) · Extensive Intervallmethode (Ext. IM)
Vorgesehene Belastungsintensität	· 50-60 % Hfmax (REKOM) · 60-75 % Hfmax (Ext. DM) · 75-85 % Hfmax (Int. DM) · 80-85 % Hfmax (Ext. IM)
Trainingshäufigkeit pro Woche	· 3 mal (Montag, Mittwoch, Freitag)
Dauer pro Trainingseinheit	· 45-90 Minuten (Ext. DM) · 50-60 Minuten (Int. DM) · 50-60 Minuten (Ext. IM)
Vorgesehene Trainingsgeräte	· Fahrrad, Laufband, Ruderergometer

3.2 Detailplanung Mesozyklus

Tab. 8: Detailplanung Mesoyzklus Woche 1

Woche 1	Montag	Mittwoch	Freitag
Trainingsziel	Ziel 1-3	Ziel 1-3	Ziel 1-3
Trainingsmethode	Extensive Dauerme-thode (Ext. DM)	Ext. DM	Ext. DM
Trainingsintensität	60-70%	60-70%	60-70%
Trainingsherzfrequenz	119-139 S/Min	119-139 S/Min	119-139 S/Min
Trainingsdauer	45 Min	45 Min	50 Min
Trainingsgerät	Laufband	Fahrradergometer	Fahrradergometer

Tab. 9: Detailplanung Mesozyklus Woche 2

Woche 2	Montag	Mittwoch	Samstag
Trainingsziel	Ziel 1-3	Ziel 1-3	Ziel 1-3
Trainingsmethode	Ext. DM	Ext. DM	Ext. DM
Trainingsintensität	70-75%	70-75%	70-75%
Trainingsherzfrequenz	139-149 S/Min	139-149 S/Min	139-149 S/Min
Trainingsdauer	50 Min	50 Min	55 Min
Trainingsgerät	Laufband	Laufband	Fahrradergometer

Tab. 10: Detailplanung Mesozyklus Woche 3

Woche 3	Montag	Mittwoch	Samstag
Trainingsziel	Ziel 3-5	REKOM	Ziel 3-5
Trainingsmethode	Intensive Dauerme-thode (Int. DM)	Ext. DM	Int. DM
Trainingsintensität	75-85%	50-55%	75-80%
Trainingsherzfrequenz	149-169 S/Min	100-110 S/Min	149-159 S/Min
Trainingsdauer	50 Min	45 Min	60 Min
Trainingsgerät	Laufband	Fahrradergometer	Laufband

Tab. 11: Detailplanung Mesozyklus Woche 4

Woche 4	Montag	Mittwoch	Samstag
Trainingsziel	Ziel 3-5	REKOM	Ziel 3-5
Trainingsmethode	Extensive Intervallme-thode (Ext. IM)	Ext. DM	Int. DM
Trainingsintensität	80-85%	55-60%	75-85%
Trainingsherzfrequenz	159-169 S/Min	109-119 S/Min	149-169 S/Min
Trainingsdauer	50 Min	45 Min	60 Min
Trainingsgerät	Fahrradergometer	Ruderergometer	Laufband

Tab. 12: Detailplanung Mesozyklus Woche 5

Woche 5	Montag	Mittwoch	Samstag
Trainingsziel	Ziel 3-5	REKOM	Ziel 1-3
Trainingsmethode	Ext. IM	Ext. DM	Ext. DM
Trainingsintensität	80-85%	55-60%	70-75%
Trainingsherzfrequenz	159-169 S/Min	109-119 S/Min	139-149 S/Min
Trainingsdauer	55 Min	45 Min	70 Min
Trainingsgerät	Laufband	Ruderergometer	Ruderergometer

Tab. 13: Detailplanung Mesozyklus Woche 6

Woche 6	Montag	Mittwoch	Samstag
Trainingsziel	Ziel 1-4	Ziel 1-4	REKOM
Trainingsmethode	Ext. DM	Ext. IM	Ext. DM
Trainingsintensität	65-70%	80-85%	55-60%
Trainingsherzfrequenz	129-139 S/Min	159-169 S/Min	109-119 S/Min
Trainingsdauer	90 Min	60 Min	45 Min
Trainingsgerät	Fahrradergometer	Ruderergometer	Laufband

3.3 Begründung zum Mesozyklus

→ Begründung zum angestrebten wöchentlichen Belastungsumfang:

Die Testperson kann an drei Tagen der Woche jeweils bis zu 90 Minuten für das Ausdauertraining aufwenden. In der Trainingsplanung wurde dieser Verfügungsrahmen berücksichtigt. Die Probandin ist gesund, verfügt über eine ausbaufähige Grundausdauer und ist motiviert.

Das optimale Belastungsmaß liegt bei einem Energieumsatz von 2.000 bis 3.000 kcal/Woche, was in Abhängigkeit von der Sportart einem durchschnittlichen Trainingsumfang von vier bis sechs Stunden entspricht (Paffenbarger et al., 1978).

Zunächst ist das primäre Ziel bei der Trainingsplanung für unsere Probandin, dass sie sich regelmäßig über einen längeren Zeitraum bei angemessener Belastungsintensität zusammenhängend einer ausdauernden Belastung aussetzt. Die Häufigkeit pro Woche gilt als wichtigste Belastungskomponente, die Belastungsdauer bzw. der Umfang der Trainingseinheit folgt als zweitwichtigste Komponente. Die Erhöhung der Belastungsintensität spielt als Belastungskomponente die drittwichtigste Rolle.

Somit gilt:

Häufigkeit (pro Woche) vor Umfang (Dauer) vor Intensität (% der max. Herzfrequenz oder Herzfrequenz- Reserve).

Optimal wäre es, wenn unsere Probandin einen zusätzlichen Tag in der Woche für das Ausdauertraining einräumen könnte.

→ Begründung zu den ausgewählten Trainingsmethoden:

In den entsprechenden Zeitabständen sind verschiedene Trainingsmethoden und Belastungsvarianten nötig, um einen trainingswirksamen Reiz setzen zu können und eine Leistungssteigerung unserer Probandin zu erreichen.

Die Dauermethode dient der Stabilisierung der Grundlagenausdauer 1 in aerober Stoffwechsellage. Sie zeichnet sich durch eine kontinuierliche, ununterbrochene Trainingsbelastung über eine längere Zeitspanne aus (Ziert, 2009, S.38).

Es gibt verschiedene Varianten der Dauermethode, die in der Detailplanung der Trainingsplanung angewendet wurden.

- Mesozyklus Woche 1 und 2: Extensive Dauermethode (Ext. DM)

Die Belastungsdauer der extensiven Dauermethode reicht hier von 45 bis 55 Minuten pro Trainingseinheit. Es wird im Bereich unter/ an der aeroben Schwelle, das heißt bei ca. 2 mmol Laktat/l bzw. bei einer Herzfrequenz von 119 und 149 Schläge/Minute belastet. Bei dieser Intensität wird besonders der Fettstoffwechsel trainiert (Friedrich, 2014, S. 104).

Die Verbesserung der aeroben Ausdauer führt dazu, dass die muskuläre Energiebereitstellung überwiegend aus der Verbrennung freier Fettsäuren gewonnen wird und die begrenzten Kohlenhydrate für intensive Belastungen geschont werden können.

In Betracht auf die Zielsetzung unserer Probandin ist dies Methode besonders wichtig, denn neben der eben beschriebenen Optimierung bei der Fettverbrennung kommt es zu einer Verbesserung der Grundlagenausdauer, der Ökonomisierung der Herz-Kreislauf-Arbeit und einer Absenkung der Ruheherzfrequenz.

- Mesozyklus Woche 3: Intensive Dauermethode und extensive Dauermethode (REKOM)

Bei der intensiven Dauermethode (Int. DM) wird im Bereich der anaeroben Schwelle trainiert (Friedrich, S. 104, 2014). Dies entspricht einen Laktatwert von 4-6 mmol/l und einer Pulsfrequenz von 159-169 Schlägen/Minute. Somit kennzeichnet sich die intensive Dauermethode durch eine höhere Belastungsintensität von bis zu 60 Minuten. Anpassungseffekte lassen sich u.a. an der Entwicklung des Herz-Kreislauf-Systems, der Verbesserung der aeroben und Stoffwechselkapazität unter Einbeziehung des Glykogenstoffwechsels und einer Erhöhung der Kapillarisierung der Skelettmuskulatur ableiten (Zintl & Eisenhut, 2013, S. 79).

Im Bezug auf die Zielsetzung unserer Testperson ist diese Methode von großer Bedeutung. Zwar bringt diese Methode weniger positive Effekte im gesundheitlichen Bereich und beim Fettstoffwechsel, dafür lässt sich die Optimierung der maximalen Sauerstoffaufnahme (VO2 max) erwirken. Dieses Kriterium spielt bei allen aeroben Ausdauerleistungen eine wichtige Rolle (Friedrich, 2014, S. 85). Die Beurteilung der Ausdauerleistungsfähigkeit einer Person wird u.a. durch die Sauerstoffmenge bestimmt, die vom Körper maximal aufgenommen werden kann (Ziert, 1999, S. 54).

Die REKOM-Einheit stellt ein regeneratives Training dar. Das Hauptaugenmerk liegt bei der Erholung, die vor allem die Muskulatur benötigt. Nachfolgende intensive Trainingseinheiten können dadurch in höheren Intensitäten absolviert werden.

- Mesozyklus Woche 4 bis 6: Extensive Intervallmetode, extensive Dauermethode (REKOM) und intensive Dauermethode

Neben den bereits beschrieben extensiven und intensiven Dauermethoden wird in der vierten bis einschließlich sechsten Woche die Trainingsplanung mit der extensive Intervallmethode mit Langzeitintervallen erweitert. Merkmale dieser Methode sind die geplanten Wechsel von Belastungs- und Pausenintervallen und unvollständigen, sogenannte „lohnende" Erholungspausen (Friedrich, 2014, S. 106). Die Belastungsdauer beträgt 50 bis 60 Minuten inklusive Pausenintervallen. Die Einzelintervalle liegen zwischen drei und acht Minuten. Die Länge der lohnenden Pause dauert bis zu drei Minuten, längsten bis der Puls auf 120-130 Schläge/Minute abgesunken ist (Zintl & Eisenhut, 2004, S. 122). Die Belastungsintensität bei Langzeitintervalle beträgt bis zu 85% der Hfmax bzw. 70-80% der VO2max. Das entspricht einer maximalen Trainingsherzfrequenz von 169 Schläge/Minute bei unserer Probandin. Es wird im Bereich knapp unter der anaeroben Schwelle trainiert. Die Blutlaktatkonzentration liegt bei ca. 3-4 mmol/l.

→ Begründung zu den Progressionen

Die Erhöhung der Trainingshäufigkeit gilt als entscheidender Faktor bei der progressiven Belastungssteigerung im Ausdauersport. Die Steigerung der Belastungsdauer gilt als zweitwichtigste Belastungskomponente, die Erhöhung der Belastungsintensität als drittwichtigste Komponente. Es gilt: Häufigkeit vor Umfang vor Intensität. Da unsere

Testperson nur an drei Tagen der Woche trainieren möchte, kann eine Steigerung der Trainingshäufigkeit nicht erfolgen. Somit erfolgt die Belastungssteigerung bei unserer Probandin zunächst über den Trainingsumfang bzw. die Belastungsdauer. In Woche eins der Trainingsdurchführung beträgt die Belastungsdauer 140 Minuten, diese wurde um ca. 11% auf 155 Minuten in der darauf folgenden Woche gesteigert. In der sechsten Woche beträgt der Trainingsumfang 195 Minuten. Zusätzlich wurde die Belastungsintensität erhöht. Damit ein gutes Verhältnis von Belastung und Erholung gegeben ist, findet ein Wechsel in den Belastungs- und Trainingsmethoden statt. Vor allem der Einsatz von regenerativen Trainingseinheiten unterstützt die Erholung.

→ Begründung zu den Trainingsbereichen

Die REKOM-Einheit stellt ein regeneratives Training dar und findet in aerober Stoffwechsellage statt. Die Trainingsmethode für das REKOM- Training ist die extensive Dauermethode. Das Hauptaugenmerk liegt bei der Unterstützung der Regenerationsprozesse im Körper und der Erhöhung der Belastbarkeit für folgende Trainings. Die Intensitätsbereiche sind niedrig bei einer Pulsfrequenz von 110-119 Schläge/Minute. Der Laktatspiegel liegt unter 2 mmol/l.

Die Stabilisierung der Grundlagenausdauer 1 erfolgt mit der extensiven Dauermethode. Die Belastungsintensität findet an der aeroben Schwelle statt, das heißt bei ca. 2 mmol Laktat/l und einer Herzfrequenz zwischen 119 und 149 Schläge/Minute. In diesem Intensitätsbereich wird der Fettstoffwechsel trainiert und die Erhöhung der aeroben Leistungsfähigkeit herbeigeführt.

In Betracht auf die Zielsetzung unserer Probandin ist diese Methode besonders wichtig, denn neben der eben beschriebenen Optimierung bei der Fettverbrennung kommt es zu einer Verbesserung der Grundlagenausdauer 1, der Ökonomisierung der Herz-Kreislauf-Arbeit und der Absenkung der Ruheherzfrequenz.

Der Aufbau der Grundlagenausdauer 2 erfolgt mit der intensiven Dauermethode und der extensiven Intervallmethode bei unserer Probandin. Die Belastungsintensität sind mittel bis hoch bei einer Pulsfrequenz von bis zu 169 Schläge/Minute im aerob-anaeroben Mischbereich. Die Lakatatwerte liegen im Bereich von 3-6 mmol/l (Neumann, Pfützner, Berbalk, 1999, S.144). Trainingsziele dieser Methode sind die Verbesserung der aerob-anaeroben Fitness und die Entwicklung der Grundlagenausdauer 2.

→ Begründung der ausgewählten Ausdauergeräte

Bei der Auswahl nach den geeigneten Ausdauergeräten für unsere Probandin wurde nach den Kunden- und Gerätevoraussetzungen entschieden. Zu den Kundenvoraussetzungen gehören die individuellen Vorlieben und Leistungsvoraussetzungen, die Trainingszielsetzung und der Gesundheitsstand. Unter den Gerätevoraussetzungen zählen u. a. der cardiopulmonale Trainingseffekt, der Kalorienverbrauch, die Möglichkeit zur Belastungsdosierung, die koordinativen Anforderungen, die Belastungen auf den Bewegungsapparat und die Bedienungsfreundlichkeit. Die Wahl der Trainingsgeräte fiel auf das Fahrrad- und Rudergergometer sowie das Laufband. Das Rudergergometer kommt erst in der vierten Woche zum Einsatz, da es hohe koordinative Anforderungen an die Probandin stellt und einen schwierigen technischen Bewegungsablauf aufweist.

Tab. 14: Ausdauergeräte und deren Vorteile

Ausdauergerät	Vorteile
• Fahrradergometer	• Geringe koordinative Anforderungen • Geringe Belastung auf den Bewegungsapparat (gelenkschonend) • Individuelle Belastungsdosierung • Einfacher und bekannter Bewegungsablauf • Individuelle Sitzpositionierung
• Laufband (Jogging)	• Ganzkörpertraining • Beteiligung von ca. 80% der Gesamtmuskulatur • Höchster cardiopulmonale Trainingseffekt im Vergleich • Höchster Energieumsatz bzw, Kalorienverbrauch im Vergleich mit dem Fahrrad- und Rudergergometer • Individuelle Belastungsdosierung
• Rudergergometer	• Ganzkörpertraining • Beteiligung zahlreicher Muskelgrupen • Hoher cardiopulmonale Trainingseffekt • Hoher Energieumsatz bzw. Kalorienverbrauch • Individuelle Belastungsdosierung

4 Literaturrecherche

Tab. 15: Effekte des Ausdauertrainings bei Asthma bronchiale

	Die Effekte eines kontrollierten, angeleiteten Ausdauertrainings bei Asthma-Patienten: eine klinische Interventionsstudie	Effects of aerobic training on psychosocial morbidity and symptoms in patients with asthma: a randomized clinical trial
• Wer hat die Studie durchgeführt?	Jöllenbeck, K. M. (Autor) Röcker, K. (Betreuer)	Mendes F.A., Gonçalves R.C., Nunes M.P., Saraiva-Romanholo B.M., Cukier A., Stelmach R., Jacob-Filho, W., Martins M.A., Carvalho C.R.
• In welchem Jahr wurde die Studie publiziert?	2016	2010
• Mit welchen Versuchspersonen wurde die Studie durchgeführt?	9 Probanden mit klinisch nachgewiesenem Asthma bronchiale im Alter 24,0±2,8 Jahre/ BMI 23,3±3,3 und 8 gesunden Probanden einer Kontrollgruppe Alter: 25,9±5,0 Jahre/ BMI: 22,5±2,8 (S. 47-49, 87).	101 Patienten im Alter von 20 bis 50 Jahren mit mittelgradigem oder schwerem Asthma, die mit inhalativen Steroiden als Dauermedikation behandelt wurden.
• Wie sah der Versuchsaufbau der Studie aus?	Alle Probanden unterzogen sich einem 12-wöchigem Ausdauertraining mit identischem Umfang und Belastungsintensität. Vor und nach der Trainingsphase erfolgte eine spiroergometrische Leistungsdiagnostik mit den Zielgrößen maximale Sauerstoffaufnahme und Geschwindigkeit an der individuellen anaeroben Laktatschwelle .Zusätzlich wurde die subjektive Intensität der Atemnot bei Belastung anhand der Borg-Skala und die Lebensqualität mithilfe eines Fragebogens bewertet (S.70-75).	Alle Patienten erhielten eine Asthmaschulung sowie mehrere Sitzungen in Atemphysiotherapie. Patienten der Interventionsgruppe absolvierten zusätzlich zweimal wöchentlich für je 30 Minuten ein intensives Ausdauertraining mit Ausschöpfung von 70 Prozent der maximalen Sauerstoffaufnahme. Diese Intervention lief über drei Monate.
• Welche relevanten Ergebnisse und Schlussfolgerungen lieferten die Studien?	Patienten mit leicht- bis mittelgradigem Asthma bronchiale erzielen durch Ausdauertraining gleichwertige Trainingseffekte wie gesunde Probanden. Es zeigte sich eine Verbesserung der Leistungsfähigkeit, Lebensqualität und eine geringere Wahrnehmung der Atemnot unter körperlichen Belastungen.	Ausdauersport verringert Symptome, Angst und Depressionen. Treiben Asthmakranke zweimal wöchentlich Ausdauersport, dann haben sie deutlich mehr symptomfreie Tage als ohne Sport. Sogar bei schwerem Asthma erhöht das Training die Lebensqualität.

	Die Effekte eines kontrollierten, angeleiteten Ausdauertrainings bei Asthma-Patienten: eine klinische Interventionsstudie	Effects of aerobic training on psychosocial morbidity and symptoms in patients with asthma: a randomized clinical trial
• Welche relevanten Ergebnisse und Schlussfolgerungen lieferten die Studien?	Asthma bronchiale hat demnach keine Einschränkungen auf die körperlichen Leistungsfähigkeit und Trainingsbelastbarkeit darstellt. Ein Ausdauertraining nach der gewählten Methode kann daher den Patienten empfohlen werden und ein Bestandteil von Therapiekonzepten sein (S. 4, 155-157)	Ausdauertraining verbessert somit die Lebensqualität von Asthmakranken und erhöht die Zahl symptomfreier Tage.

5   Literaturverzeichnis

Barton, J. T. (2016). *Models For Life:An Introduction to discrete Mathematical Modeling with Microsoft Office Excel.* New Jersey: John Wily & Sons,

Friedrich, W. (2014). *Optimiertes Trainerwissen. Sporttheorie und Sportpraxis für Trainer und Übungsleiter.* Balingen: Spitta.

Geiger, L. (1988). *Ausdauertraining: Ein Leitfaden und medizinischer Ratgeber* (4. Aufl.). Oberhachingen: sportinform.

Hollmann, W. (1990). Studienbrief der Trainerakademie Köln des Deutschen Sportbundes. In Trainerakademie Köln e.V. (Hrsg.), *Training, Grundlagen und Anpassungsprozesse* (S, 87-88). Schorndorf: Hofmann.

Jöllenbeck, K. M. (2016). *Die Effekte eines kontrollierten, angeleiteten Ausdauertraining bei Asthma-Patienten: eine klinische Interventionsstudie.* Dissertation, Albert-Ludwigs-Universität Freiburg. Freiburg.

Manica, G., Fagard, R., Narkiewicz, K., Redòn,J., Zanchetti, A., Böhm, M., et al. (2013). 2013 ESH/ESC Guidelines for management of arterial hypertension. The task force for the management of arterial hypertension of the European Society of Cardiology (ESC). *Journal of hypertension, 31* (7), 1281-1357.

Mendes F. A., Gonçalves R. C., Nunes, M. P., Saraiva-Romanholo, B. M., Cukier A., Stelmach, R. et al. (2010). Effects of aerobic training on psychosocial morbidity and symptoms in patients with asthma: a randomized clinical trial. *Chest Journal, 138* (2), 331-337.

Neumann, G., Pfützner, A., Berbalk, A. (1999). *Optimiertes Ausdauertraining* (2. überarb. Neuaufl.). Aachen: Meyer und Meyer.

Paffenbarger, R. S., Wing, A. L., Hyde, R. T. (1978). Physical Activity of Longshoremen as realted to Death from Coronary Heart Disease and Stroke. *American journal of epidemiology, 108,* 161-175.

Weineck, J. (2003). *Ausdauertraining. Trainingssteuerung über die Herzfrequenz- und Milchsäurebestimmung.* Balingen: Spitta.

Ziert, U. G. (2009). Sportwissenschaftliche Dissertationen und Habilitationen. In
Clemens Czwalina (Hrsg.), *Trainingssteuerung in der Leichtathletik. Fach-
wissenschaftliche Analysen und wissenschaftstheoretische Reflexionen zum
(praxisgerechten) Einsatz von Computerprogrammen in den Ausdauer-
disziplinen* (57) (S. 38). Hamburg: Czwalina.

Zintl, F. & Eisenhut, A. (2013). *Ausdauertraining. Grundlagen, Methoden und
Trainingssteuerung* (8. überarb. Aufl.), München: BLV.

6 Tabellenverzeichnis